MÉMOIRE

SUR

LE RAPPORT ET LA CONFORMITÉ DE PLUSIEURS POINTS

DES

ANCIENNES COUTUMES

ET CHARTES

DU PAYS ET COMTÉ DE HAINAUT AVEC L'ANCIEN DROIT ROMAIN

ANTÉRIEUR A JUSTINIEN ET AU CODE THÉODOSIEN.

MÉMOIRE

SUR

LE RAPPORT ET LA CONFORMITÉ DE PLUSIEURS POINTS

DES

ANCIENNES COUTUMES

ET CHARTES

DU PAYS ET COMTÉ DE HAINAUT AVEC L'ANCIEN DROIT ROMAIN

ANTÉRIEUR A JUSTINIEN ET AU CODE THÉODOSIEN;

PAR M. RAOUX,

ANCIEN CONSEILLER AU CONSEIL SOUVERAIN DE LA PROVINCE DE HAINAUT SOUS LE GOUVERNEMENT AUTRICHIEN, ANCIEN CONSEILLER D'ÉTAT DU ROYAUME DES PAYS-BAS.

PRÉSENTÉ

EN LA SÉANCE DU 2 MARS 1833.

BRUXELLES,

M. HAYEZ, IMPRIMEUR DE L'ACADÉMIE ROYALE.

1833.

PRÉFACE.

J'ai écrit cet opuscule, il y a près de quarante ans, lorsque les Français, en 1794, eurent fait la conquête de la Belgique et supprimé la cour souveraine de justice de la province de Hainaut où j'étais conseiller. Le loisir que me donna cette suppression m'inspira le dessein de compulser plus attentivement les anciennes chartes de ce pays, où j'avais déjà remarqué quelques dispositions qui avaient beaucoup de rapport avec des points de l'ancien droit romain, supprimés ou changés du temps de l'empereur Justinien et même long-temps auparavant. Voici le fruit, quoiqu'un peu tardif, de ces recherches.

Les chartes de Hainaut, anciennes et modernes, comme toutes les autres coutumes de la Belgique, étant supprimées depuis près de trente ans par le Code civil français, je ne publie pas ces recherches pour l'instruction des juges ou des avocats qui exercent leur profession devant les tribunaux, car elles leur seraient de peu d'utilité; je ne les publie que pour les amateurs d'antiquités dont le pays abonde plus qu'autrefois, et pour les jurisconsultes qui aiment à considérer le mouvement et les progrès qui s'opèrent dans les législations. J'ose espérer qu'ils ne verront pas sans quelque intérêt, et même sans quelque surprise, le tableau que je vais exposer à leurs yeux. Une considération qui me détermine encore à ne pas tenir enfouies plus long-temps ces recherches, c'est que présentement il reste peu de jurisconsultes et d'anciens magistrats qui soient à portée de bien connaître les sources où ma position particulière m'a permis de puiser tout à mon aise.

Il me reste à prier ceux que la curiosité engagera à lire ce petit ouvrage, de se reporter à l'époque de 1794 et 1795 lorsqu'il fut écrit; ils verront pourquoi j'y parle des chartes de Hainaut comme ayant encore force de loi, puisqu'en effet elles n'ont été abolies que postérieurement par la publication successive des nouvelles lois françaises en Belgique.

MÉMOIRE

SUR

LE RAPPORT ET LA CONFORMITÉ DE PLUSIEURS POINTS

DES

ANCIENNES COUTUMES

ET CHARTES

DU PAYS ET COMTÉ DE HAINAUT AVEC L'ANCIEN DROIT ROMAIN

ANTÉRIEUR A JUSTINIEN ET AU CODE THÉODOSIEN.

C'EST une question controversée entre les auteurs si, dans les provinces belgiques, le droit civil romain, sous la domination romaine, a été obligatoire pour les habitans indigènes. Quelques-uns soutiennent qu'oui, tel que l'abbé Dubos qui, dans son *Histoire critique de l'établissement de la monarchie française dans les Gaules*, affirme « qu'au commencement du troisième siècle, » sous l'empire de Caracalla, le droit romain devint dans toutes » les Gaules le droit commun.... »

Montesquieu, dit « que sous la première race des rois de » France, la loi salique étoit établie pour les Francs dans le » pays du domaine des Francs, et le code théodosien pour les » Romains. Dans celui du domaine des Visigoths, une compi- » lation du code théodosien, faite par l'ordre d'Alaric, régla les

» différends des Romains; les coutumes de la nation qu'Euric » fit rédiger par écrit décidèrent ceux des Visigoths. » *Esprit des lois*, liv. 28, chap. IV.

Cette assertion de Montesquieu suppose que, dans le pays du domaine des Francs, c'est-à-dire dans la Gaule septentrionale et par conséquent dans la Belgique, le code théodosien était la loi des Romains. Sous cette dénomination, on comprenait tous les habitans indigènes, romains et gaulois. Dans cette opinion, l'on doit conclure que le code théodosien faisait déjà loi avant la domination des Francs, qui n'abolirent pas celles du pays conquis.

La plupart des commentateurs du droit romain ont avancé aussi des opinions semblables à celles de l'abbé Dubos et de Montesquieu.

L'Académie des sciences de Bruxelles, pour son concours de 1782, proposa la question : *Depuis quand le droit romain est-il connu dans les Pays-Bas autrichiens, et depuis quand y a-t-il force de loi?*

M. De Berg, qui remporta le prix, soutient, dans un Mémoire fort étendu, que si l'on excepte les impôts, la milice et la police, les Romains n'imposèrent leur *droit civil* aux habitans indigènes dans aucune partie des Gaules, encore moins dans nos provinces belgiques; que les assertions de l'abbé Dubos sont dénuées de toute preuve; que celles de Montesquieu, quant au code théodosien dans la Gaule septentrionale, ne sont pas mieux fondées, puisque ce code, compilé pour l'Orient en l'an 438, par l'ordre de Théodose-le-Jeune, ne fut ni promulgué ni connu dans les Gaules avant l'an 449; d'où il conclut, à la fin de la première partie de son Mémoire, pag 20, « que jamais sous » la domination romaine le code théodosien n'a eu force de loi » dans notre Belgique, pas même pour les Romains originaires » qui s'y trouvoient établis, puisqu'il est notoire et suffisamment » démontré par l'histoire, qu'en 449 la domination romaine étoit » entièrement et pour jamais anéantie dans cette partie de » l'ancienne Gaule, qui compose aujourd'hui les Pays-Bas au- » trichiens. »

L'Académie a décerné l'*accessit* au Mémoire de M. d'Outrepont, qui a adopté et développé le même sentiment, que les Romains, après avoir fait la conquête de notre pays, lui ont laissé ses lois et usages. Il s'appuie sur la politique des Romains et sur la réponse de César à Arioviste, *que l'intention du sénat était que les Gaules, quoique subjuguées, fussent libres et gouvernées par leurs propres lois.* COMMENT., liv. 1, chap. XLV. Il prétend qu'on ne saurait assigner aucune loi qui ait renversé cette politique judicieuse, et il conclut, pag. 15, que « sous » la domination romaine, le droit de nos vainqueurs nous a » été connu, mais qu'il n'a pas été le nôtre, ni par notre vo- » lonté, ni par l'ordre de Rome. »

Il est aisé de concevoir que, dans les premiers temps de la conquête des Gaules, le sénat romain leur aura laissé leurs lois et usages pour rendre le joug plus tolérable. C'est ainsi que les Juifs, quoique soumis aux Romains depuis assez long-temps, avaient conservé leurs lois, puisque Pilate, sous le règne de Tibère, ayant de la répugnance à condamner Jésus-Christ, leur disait : *Prenez-le et jugez-le vous-mêmes, selon votre loi.* JEAN, chap. XVIII, v. 31. L'on doit aussi admettre que le code théodosien, compilé pour l'empire d'Orient en 438, ne fut connu et promulgué que plus tard dans l'empire d'Occident, lorsque la domination romaine était éteinte dans nos provinces belgiques, où il ne pénétra pas. Nous en fournirons une preuve nouvelle dans l'article Ier du présent Mémoire.

Il serait cependant assez étonnant que des maîtres aussi orgueilleux que les Romains, qui se vantaient de porter leurs lois partout où ils portaient leurs armes, n'eussent pas, pendant une domination de plus de quatre cents ans, obligé les Belges à adopter leur droit civil (1). Il est vrai que ni les historiens ni les jurisconsultes ne citent pas de loi qui aurait été portée à ce sujet. L'on ne cite pas non plus le fait de quelques contestations qui auraient été jugées d'après des principes évidemment tirés du droit civil romain. Ainsi, malgré les assertions vagues des partisans de ce droit, il règne sur ce sujet d'histoire une profonde obscurité qui n'a pas été éclaircie jusqu'à présent.

A défaut de preuve directe, ne pourrait-on pas trouver dans les archives de nos provinces quelques anciens monumens, quelques vieilles chartes qui présenteraient des indices à cet égard? Si, par exemple, on trouvait dans les anciennes coutumes de quelque province un certain nombre d'usages qui n'auraient pas pu prendre leur origine ailleurs que dans le droit romain, tel qu'il existait dans les trois premiers siècles, mais qui avait été aboli dans les temps postérieurs, lorsque les codes de Théodose-le-Jeune et de Justinien furent compilés et publiés; dans ce

---

(1) *Quo arma nostra pervenere, et jus nostrum perveniat.*

cas, l'on ne pourrait pas dire que ces points de coutume ont été puisés dans ces derniers codes, puisque non-seulement ils ne s'y trouvent pas, mais que des principes contraires y sont consacrés.

L'avocat d'Outrepont, dans son Mémoire académique susmentionné, a pressenti que ce serait un moyen d'éclaircir la question; mais il a cru pouvoir affirmer, pag. 11, que « dans » nos coutumes l'on n'aperçoit aucun vestige qui puisse faire » soupçonner que le droit romain ait été, sous la domination » romaine, observé dans la Belgique plus dans un endroit que » dans l'autre. » M. d'Outrepont a pu dire cela des coutumes du Brabant et du Limbourg qu'il connaissait; mais, en parlant aussi généralement, il s'est trompé. Il est une de nos provinces qui se trouve avoir des chartes ou coutumes plus anciennement rédigées par écrit que les autres, et dans lesquelles on rencontre de nombreux vestiges d'usages qui ne peuvent avoir pris leur origine que dans la jurisprudence romaine qu'on pratiquait pendant la domination de Rome.

Quelle est donc cette province? Qui le croirait! c'est précisément celle à qui Stockmans et les praticiens modernes font le reproche d'avoir des coutumes tellement étrangères au droit romain, qu'elles n'en peuvent recevoir aucune interprétation. Cette province est celle de Hainaut. *Exotica et abnormia jura illius provincœ nimium dissentire videntur a romani juris regulis quàm ut possint lucem aut supplementum inde recipere.* Stockmans, *Decis.* 1, n° 3.

Nos ancêtres nous ont transmis la connaissance de ces anciens us, sans savoir eux-mêmes d'où ils provenaient. Quelques-uns de ces usages, qui ont paru ne plus convenir à nos mœurs, ont été supprimés et changés dans les chartes que les États du pays ont successivement rédigées et fait décréter en 1410, 1483, 1534, 1601 et 1619. Mais il en est d'autres qui ont été maintenus jusqu'à nos jours et jusqu'à la suppression générale des coutumes locales, opérée par la publication du nouveau code français, en 1804.

C'est ce que je vais développer dans les différens articles qui vont suivre.

ARTICLE PREMIER.

De la durée des actions, ou de la prescription.

Les actions personnelles, en Hainaut, étaient autrefois perpétuelles et la prescription n'y avait pas lieu. Ce n'est que par la charte de 1410, homologuée à la demande des États du pays, par Guillaume de Bavière, comte de Hainaut et de Hollande, qu'on mit un terme aux actions que les créanciers poursuivaient en vertu de titres authentiques ou chirographaires. On introduisit alors pour la première fois la prescription, qui fut fixée à 21 ans et resta telle jusqu'à la publication du code civil français.

Voici ce que porte l'article 24 de cette charte de 1410 : « Item » en nodit pays de Hainau on poursuit le lettres et chirograffes, » obligations si anchiennes que de quarante ans, de sissante » (*soixante*) ans et de plus, sans aucune prescription de temps, » dont mente de inconvenients et de damages adviennent sou- » vent à plusieurs sans cause et de coi ils seroient wardet et

» eskieuwet qui poursuiwir neu poroit que jusques à certain » terme. Si ordonnons et constituons pour à ce remedier que de » toutes lettres et obligations personnelles qui de ce jour en avant » se feront, dont li obligiet u leur hoir seront demorant en nodit » pays..... Il y ait prescription, cest assavoir que se li crediteur nen » fait traitte u poursuitte par justice devant le terme de vingt et » un an apries le debte eskewe, li obligiet et ses remanans en » demeurent quittes et délivrés. »

Cette charte ne faisait aucune mention des dettes qui ne sont point reconnues par écrit, et qu'on appelle en Hainaut *dettes à connaître* (comme par opposition aux dettes reconnues par titre). En conséquence de ce silence, les créanciers qui avaient de semblables dettes à recouvrer, suivaient l'ancienne pratique et n'étaient pas arrêtés par la prescription que la loi n'opposait qu'aux titres écrits.

Ainsi les actions moins solidement fondées restaient plus privilégiées, ce qui présentait une inconséquence. Par la charte subséquente, homologuée en 1483, on remplit cette lacune de la législation et on établit la prescription de douze ans contre cette espèce d'actions que la loi n'avait pas atteinte en 1410.

L'article 25 de la charte de 1483 est ainsi conçu : « Item avons » esté advertis que pluiseurs voluntaires se sont advanchiez de faire » traittes à justice et poursuyr danchiennes debtes à cognoistre.... » après trespas d'aultrui ou de si long terme que ceulx à cui de- » mande en estoit faicte navoient quelque memoire du cas, dont » pluiseurs inconvenients sont avenus et polroient encore plus » faire, se il ny avoit aucune prescription de temps, comme fait » avoit esté par le chartre de lan 1410, apparant par le 24e arti-

» cle d'icelle, sur fait de poursieultes et obligacions. Pourquoi » nous voulons et ordonnons...... que generalement de toutes ma- » nieres de debtes à cognoistre quelles que elles soient, nulz de » cy en avant ne soit recepvable à en faire demande et poursieulte » apres le terme de douze ans, etc.»

Cette prescription de douze ans a été maintenue par la dernière charte de 1619, chap. CVII, art. 4, et a subsisté jusqu'à la publication du nouveau code civil français.

Voyons à présent ce qui se pratiquait dans l'ancien droit romain. Les actions ordinaires, c'est-à-dire celles qui étaient fondées sur un contrat ou quasi-contrat, avaient aussi une durée perpétuelle; elles n'étaient écartées par le laps d'aucun temps, pas même de 30 ni de 40 ans. Elles étaient appelées *actiones perpetuæ*. Aussi, dans le Digeste, la matière de la prescription ne se trouve traitée dans aucun titre, parce qu'elle n'était pas admise du temps des jurisconsultes dont les décisions composent cette précieuse compilation. On y voit bien au livre quarante-quatrième un titre *de exceptionibus, præscriptionibus et præjudiciis;* mais le mot *præscriptiones* ne signifie pas là un moyen particulier de défense, fondé sur un laps de certain temps; il n'est là qu'un synonyme de *exceptiones,* applicable à divers moyens de défense, ou du moins, comme l'interprète le commentateur Godefroid, ce mot s'entend là des exceptions innomées ou *in factum,* c'est-à-dire de celles à qui la loi n'avait pas assigné un nom exprès.

Il y avait, à la vérité, dans l'ancien droit romain quelques actions, comme l'*édilitienne*, la *rédhibitoire*, celles qui tendaient à la restitution en entier, et la plupart des actions *prétoriennes* qui ne duraient pas toujours, qui ne duraient même qu'un temps fort court, comme six mois, un an, deux ans, etc., et qui, pour cette raison, étaient appelées *actions temporaires* ou *à temps*, pour les opposer aux actions ordinaires qu'on appelait *perpétuelles*. Loi 6, au Digeste *de obligationibus et actionibus*, liv. 44, tit. 7.

Le titre douzième du quatrième livre des Institutes de Justinien nous rappelle cela succinctement : *Hoc loco admonendi sumus eas quidem actiones quæ ex lege, senatusve consulto, sive ex sacris constitutionibus proficiscuntur perpetuo solere antiquitus competere, donec sacræ constitutiones tam in rem quam in personam actionibus certos fines dederunt.*

Ce n'est en effet qu'en l'an 424, sous le consulat de Victor, que l'empereur Théodose-le-Jeune introduisit dans l'empire d'Orient la prescription de 30 ans contre les actions personnelles et autres, ci-devant perpétuelles, par une constitution datée de Constantinople, et adressée à Asclépiodotus, préfet du prétoire en Orient. Cette constitution remarquable porte : *Sicut in rem speciales, ita ad universitatem, ac personales actiones ultra triginta annorum spatium minimè protendantur : sed si qua res, vel jus aliquod postuletur, vel persona qualicunque actione, vel persecutione pulsetur, nihilominus erit agenti triginta annorum præscriptio metuenda................ Hæ autem actiones annis triginta continuis extinguantur quæ perpetuæ videbantur.*

En 438, le même Théodose-le-Jeune, empereur d'Orient, fit réunir en un code, auquel il donna son nom, diverses constitutions des empereurs chrétiens, et celle concernant la prescription tricennale y fut insérée dans le livre quatrième, titre 14, selon l'ordre que lui a assigné Jacques Godefroid, qui a rassemblé péniblement les parties éparses de ce code.

Mais, quelque salutaire que fût la disposition de cette loi, l'état des Gaules était alors tellement troublé par les invasions successives de plusieurs nations barbares, qu'elle n'y fut connue et n'y reçut force obligatoire, dans les parties qui restaient encore à l'empire d'Occident, qu'en l'an 449, par une novelle de l'empereur Valentinien III, datée de Ravenne en Italie, sous le consulat d'Astérius et de Protogènes qui, selon la supputation des fastes consulaires la plus suivie, correspond à l'année 449. Il la confirma de nouveau et l'expliqua par une autre novelle de 452, donnée sous le consulat d'Herculanus, et on les trouve l'une et l'autre, sous son nom, à la suite du code théodosien, sous les nombres 8 et 12.

Justinien fit aussi insérer dans son code, liv. 7, tit. 39 l. 3, cette constitution de Théodose-le-Jeune, sur la prescription de 30 ans; mais Jacques Godefroid remarque avec raison que c'est par erreur que le nom d'Honorius s'y trouve inscrit en tête avec celui de Théodose.

Une lettre de Sidonius Apollinaris, évêque de Clermont en Auvergne, et écrivain contemporain d'une grande célébrité, confirme que cette constitution fut entièrement inconnue dans les Gaules avant 449, c'est-à-dire avant le consulat d'Astérius. Voici un extrait de cette épître, qui est la sixième du liv. 8 de la collection qu'en a publiée Sirmundus, et qu'on trouve aussi dans le commentaire de Godefroid, sur le tit. 14 du liv. 4 du code théodosien, tom I, pag. 386, édition de Lyon, 1665 : *Cum pater meus præfectùs prætorio gallicanis tribunalibus præsideret, sub cujus scilicet magistratu, consul Asterius anni sui fores trabeatus aperuerat......... Per ipsum ferè tempus lex de præscriptione tricennii fuerat proquiritata, cujus peremptoriis abolita rubricis, lis omnis in sextum tracta quinquennium terminabatur. Hanc intra Gallias* ANTE NESCITAM *primus quem loquimur orator indidit prosecutionibus, edidit tribunalibus, prodidit partibus.*

Puisque cette loi sur la prescription de 30 ans, quoiqu'insérée dans le code théodosien en 438, ne fut connue dans la Gaule méridionale qu'en 449, il s'ensuit que ce code n'y fut pas promulgué avant cette dernière époque. Or, l'on sait par l'histoire qu'au milieu du cinquième siècle les Romains avaient cessé leur domination dans nos provinces belgiques; de sorte que ni cette loi de Théodose ni son code n'y furent pas publiés. Certes, si la prescription tricennale y avait été admise sous la domination romaine, elle aurait continué à y avoir lieu, puisque, d'un accord général, c'est une disposition très-sage et qui convient à toute espèce de gouvernement. Or, l'on voit clairement par la charte du Hainaut de 1410, que cette prescription n'y avait pas encore été mise en usage, et que l'on avait continué a y suivre la même jurisprudence que sous la domination romaine, avant la constitution de Théodose-le-Jeune.

Il est très-probable que la prescription de trente ans a été également ignorée dans les autres provinces belgiques pendant le moyen âge; mais comme leurs coutumes n'ont été rédigées par écrit et homologuées que dans les seizième et dix-septième siècles, lorsque la pratique générale y avait déjà introduit cette prescription, elles ne font pas mention de l'époque à laquelle elle a commencé dans leurs ressorts.

ARTICLE II.

Des enfans, héritiers nécessaires de leurs pères.

Jusqu'en 1601, les enfans *en pain* de leurs pères, c'est-à-dire sous la puissance paternelle, étaient *héritiers nécessaires* de leurs pères; et quoiqu'ils s'abstinssent de toucher aux biens de leur succession, ils n'en étaient pas moins tenus de payer toutes leurs dettes, eussent-elles même excédé la valeur des biens. A cette époque, on fit une réforme considérable dans la jurisprudence de la province de Hainaut, par une collection de *points et articles* conçus par les états du pays et sanctionnés par le souverain, le 20 août 1601.

Cette obligation rigoureuse, qui pesait sur les enfans, fut alors supprimée par l'article onzième dudit décret dans les termes suivans : « Comme jusqu'à présent a été observé en notre dit pays » pour loi, que les enfants étoient sujets à payer les debtes de » leur pere et mere, ores (*encore*) qu'ils ne leur eussent en rien succédé, en les maintenant *héritiers nécessaires*, chose par trop » dure et desraisonnable. Pour à quoi obvier, nous avons décrété » et ordonné, décretons et ordonnons que doresenavant nul ne » pourra être poursuivi à titre d'héritier par obligation naturelle seulement : sauf que s'ils appréhendent héritages ou » rentes de mainferme par succession d'iceux pere et mere puissans de les fourfaire (*aliéner*) au jour de la constitution des

» debtes, seront poursuivables pour la value desdites main-
» fermes. »

Il est connu que par la loi des douze tables les enfans, sous la puissance paternelle, étaient aussi *héritiers nécessaires* de leur père et devaient nécessairement satisfaire ses créanciers. *Sui autem et necessarii hæredes sunt veluti filius, filia et deinceps cæteri liberi qui in potestate morientis modo fuerint.* .... NECESSARII *vero ideo dicuntur, quia omnino, sive velint sive nolint, tam ab intestato quam ex testamento, ex lege duodecim tabularum hæredes fiunt.* INSTITUT. DE HÆRED. QUAL. ET DIFF., lib. 2, tit. 19, § 2.

Dans la suite, le préteur, qui tempérait souvent la rigueur du droit, accorda aux enfans, héritiers nécessaires, le pouvoir de s'abstenir de l'hérédité paternelle, s'ils la croyaient onéreuse. *Sed his prætor permittit volentibus abstinere hæreditate, ut potius parentis quam ipsorum bona a creditoribus possideantur.* IBID.

Les proconsuls avaient le droit d'en faire autant chacun dans leurs provinces. L. 57, *D. de acq. vel omitt. hæred.*, lib. 29, tit. 2.

Mais à quelle époque le préteur a-t-il commencé à tempérer cette rigueur et à déroger à la loi des douze tables? c'est ce qu'il n'est pas facile de déterminer aujourd'hui. Les préteurs n'étaient en charge que pour un an, et publiaient au commencement de leur magistrature l'édit suivant lequel ils se règleraient en rendant la justice. Comme ces édits pouvaient varier d'un an à l'autre et apporter de la confusion dans la jurisprudence, l'empereur Adrien, voulant remédier à cet inconvénient, fit rédiger l'édit du préteur par d'habiles jurisconsultes et le rendit perpétuel, de sorte qu'il n'essuya plus depuis aucun changement. Adrien finit son règne en l'an 138.

Cette modification de l'ancien droit, introduite par les préteurs, n'ayant pas passé chez nos ancêtres, je soupçonne qu'elle n'avait pas encore lieu, ou qu'elle n'était pas fréquente du temps des premiers empereurs. Or, c'est le droit usité sous eux que nos ancêtres paraissent avoir adopté et conservé; car j'aurai encore plus d'une fois occasion de faire remarquer que certains changemens, introduits à Rome long-temps avant Justinien et même pendant le règne des empereurs païens du troisième siècle, n'ont pas pénétré jusqu'à nous ou du moins n'y ont pas pris racine, puisque nous avons continué de suivre le droit romain antérieur.

ARTICLE III.

De l'exclusion des enfans émancipés dans le partage des successions directes.

Dans la coutume de Mons, chap. XXVII, les enfans sortis de la puissance paternelle, soit par l'émancipation, soit par le mariage, n'ont aucune part dans la succession mobilière de leurs père et mère, ni la légitime ni autre, quand même ils n'auraient pas reçu un sol lors de leur mariage ou de leur émancipation. Cela s'est pratiqué jusqu'à nos jours dans toute la rigueur, lorsque les parens n'en avaient pas disposé autrement. J'en ai vu des exemples frappans chez des négocians, dont toute la fortune consistait en mobilier, et dont les enfans mariés n'ont recueilli aucune part. Cet usage est encore tiré du très-ancien droit romain, par lequel les enfans restés sous la puissance paternelle excluaient les émancipés.

Intestatorum autem hæreditates, ex lege duodecim tabularum, primum ad suos *hæredes pertinent. Sui autem hæredes existimantur qui in potestate morientis fuerint.* INSTITUT., DE HÆREDIT. QUÆ AB INTEST. DEFER., lib. 3, tit. 1, §§ 1 et 2.

Emancipati autem liberi jure civili nihil juris habent, neque enim sui hæredes sunt qui in potestate morientis esse desierunt, neque ullo alio jure per legem duodecim tabularum vocantur. IBID., § 9.

Justinien, par sa novelle 118, a appelé les enfans émancipés concurremment avec ceux qui ne le sont pas, et long-temps avant lui, le préteur, tempérant encore la rigueur du droit, admettait aussi les enfans émancipés à partager avec les autres.

Sed prætor naturali æquitate motus dat eis bonorum possessionem unde liberi, proinde ac si in potestate parentis tempore mortis fuissent, sive soli sint, sive cum suis concurrant. IBID. *Vid. etiam* tit. 6, D. SI TABULÆ TESTAM. NULLÆ EXTAB. UNDE LIBERI, lib. 38.

Dans quel temps l'autorité du préteur a-t-elle ainsi prévalu sur la loi des douze tables? C'est la même question que nous nous sommes faite à l'article précédent, et la même réponse peut servir à toutes deux.

Le préteur, chez les Romains, en tempérant la loi des douze tables et en admettant les enfans émancipés à concourir avec ceux restés sous la puissance paternelle, les obligeait à rapporter ce qu'ils avaient reçu de leur père. Ce fut là l'origine et la pre-

mière cause du droit de rapport. L. 1 au Digeste *de collatione*. Lib. 37, tit. 6. La coutume de Mons n'ayant pas admis la modification prétorienne, pour faire concourir dans la succession mobilière les enfans émancipés avec les enfans en puissance paternelle, n'a pas adopté non plus le remède qui y était annexé, et le rapport n'y était pas en usage; de sorte qu'à cet égard encore on y suivait l'ancien droit civil romain, tel qu'il existait avant le tempérament qu'y a apporté le préteur.

Lorsqu'il ne restait plus d'enfans en puissance, mais qu'ils étaient tous émancipés, ils partageaient entre eux la succession mobilière de leurs père et mère sans y rapporter ce qu'ils en avaient reçu, à moins qu'ils n'y fussent tenus par testament ou par convention. La charge du rapport n'existait pas de droit.

ARTICLE IV.

Du bénéfice d'inventaire.

Ce bénéfice n'a été introduit en Hainaut que par la charte générale de 1619. L'art. 6 du chap. CXXII est positif à cet égard, et il suffira de le rapporter : « Combien que jusques à pré» sent n'ait en notre dit pays été usé de benefice d'inventaire, ains » toujours été observé que celui appréhendant une simple pièce » de meuble étoit tenu et sujet à toutes dettes, desirant remedier » à tel inconvenient, voulons et ordonnons que d'ici en avant » tous heritiers voulant appréhender biens meubles par succes» sion, qui douteront que les dettes n'excedent la valeur desdits

» biens, pourront faire requête en notre dite cour, pour les » appréhender par benefice d'inventaire....... et se devra reque- » rir ledit benefice en dedans quarante jours après le trépas, etc. »

Dans l'ancien droit romain, le bénéfice d'inventaire n'était pas connu non plus, et celui qui se déclarait héritier était absolument tenu à payer les dettes du défunt. C'est Justinien qui, le premier, a introduit ce bénéfice par sa loi qui se trouve au code, à la fin du titre *de jure deliberandi*, liv. 6. *Vid. etiam Institut de hæred. qual. et diff.*, lib. 2, tit. 19, § 5.

Au moyen de ce bénéfice d'inventaire, l'héritier qui a rempli les conditions requises pour l'obtenir, n'est obligé à payer les dettes du défunt que jusqu'à concurrence de la valeur des biens de la succession.

ARTICLE V.

Du droit de délibérer.

L'héritier, soit légal, soit testamentaire, dans l'ancien droit romain, avant de se déterminer et de se déclarer, n'avait que *le droit de délibérer* pendant un certain temps, lorsqu'il le demandait au préteur. Ce temps alors n'était pas fixé et dépendait de l'arbitrage du juge, qui avait égard aux circonstances.

Ait prætor, si tempus ad deliberandum petit, dabo.

Cum dicit tempus nec adjicit diem, sine dubio ostendit esse in jus dicentis potestate quem diem præstituat. L. 1, §§ 1 et 2, *D.* DE JURE DELIB., lib. 28, tit. 8.

Justinien a cru devoir fixer ce temps à un an, lorsqu'on s'adresserait au prince, et à neuf mois lorsqu'on s'adresserait au juge.

En Hainaut, on observait encore à cet égard l'ancien droit; il n'y a que la cour qui accordait du temps pour délibérer, et elle accordait un demi-an ou tel autre terme qu'elle jugeait convenir. *Chart. génér.*, chap. CXXIII, art. 18.

ARTICLE VI.

Du mot HÉRITIER, *pour signifier* PROPRIÉTAIRE.

Je ne puis passer ici sous silence une remarque qui m'a paru curieuse et bien analogue à la matière que je traite.

Ce n'est pas seulement le droit des anciens Romains que nous retrouvons dans nos chartes, mais aussi leur langage et la même signification qu'ils attachaient jadis à certains mots, signification qui, ensuite, est tombée en désuétude chez eux, et qui s'est conservée et perpétuée parmi nous dans nos chartes.

Ainsi le mot *héritier* ne signifie pas toujours *successeur* d'un défunt; mais dans plusieurs endroits de nos chartes, même des dernières décrétées en 1619, il signifie aussi *propriétaire, maître*, sans aucune relation au droit de succession.

L'article premier du chap. CXVII qui traite *des censiers et louagiers*, le contient plusieurs fois dans ce sens. « Nuls censiers, » louagiers ou admodiateurs ne pourront d'ici en avant rentrer » en nouvelle cense sans le gré et consentement des *heritiers* » ou leurs commis, ausquels devront faire apparoitre leurs baux » de cense en dedans quinze jours après que les *heritiers* vou-

» dront prétendre judiciairement les avoir dehors, autrement » iceux *heritiers* seront admis à leurs heritages, etc. »

Le même mot, dans le même sens, se retrouve dans les articles 9, 11, 12 et 18 dudit chapitre, dans les articles 1, 2, 3, 5 et 6 du chap. LXXVI des *Chartes générales* de 1534, ainsi que dans le chapitre XXII de la *Coutume de Mons*.

Chez les anciens Romains *heres* signifiait aussi *dominus*. Ce langage n'était plus usité du temps de Justinien, qui atteste que c'était celui des anciens. *Pro herede enim gerere est pro domino gerere : veteres enim, heredes pro dominis appellabant.* INSTITUT. *De hered. qual. et diff.*, § 6.

Festus, qui écrivait avant Justinien, avait fait la même remarque; *hæres*, dit-il, *apud antiquos pro domino ponebatur.*

C'est dans ce sens que Plaute a dit dans sa comédie des MENECHMES, *prandi, potavi, atque abstuli hanc* (PALLAM) *cujus hæres nunquam erit post hunc diem.*

ARTICLE VII.

Du droit de représentation en ligne collatérale.

Dans la plupart des coutumes de la Belgique, qui ont été rédigées sous l'influence du nouveau droit romain, l'on a accordé le droit de représentation en ligne collatérale, notamment aux neveux et nièces qui ont perdu leur père ou leur mère, pour les faire concourir avec les frères et sœurs du défunt. C'est conforme à la novelle 118 de Justinien.

Mais dans la coutume de Mons, cette représentation n'a jamais eu lieu. Les frères excluaient les neveux, comme on le voit par le chap. II ainsi conçu : « S'il advenoit que aulcuns freres » ou seurs germains allassent de vie par trespas, delaissant frere » et seur vivant..... en ce cas lesdits frere et seur vivant succe- » deront en leurs freres ou seurs germains trespassés, sans que » les enfans de leurs freres ou seurs trespassés puissent en ladite » succession aucun droit avoir. »

Il en était de même dans l'ancien droit romain, où, selon la loi des douze tables, jusqu'à l'émanation de la novelle 118 de l'empereur Justinien, la succession était dévolue à l'agnat le plus proche. *Agnatus proximus,* disait la loi des douze tables, *familiam habeto.* L. 195, § 1, *D. De verb. signific.*, lib. 50, tit. 16.

Si plures sint gradus agnatorum, apertè lex duodecim tabularum proximum vocat. Itaque si, verbi gratiâ, sint defuncti frater et alterius fratris filius, frater potior habetur. INSTITUT., lib. 3, tit. 2, § 5.

ARTICLE VIII.

Des actions à intenter contre l'héritier seulement.

Il n'était pas permis en Hainaut de contracter en manière telle qu'on ne pût pas intenter l'action contre le contractant, mais seulement contre son héritier, et si l'on stipulait pareille clause, le contrat était nul. *Chartes génér.*, chap. CIX, art. 12. « Nul ne pourra s'obliger pour valoir après son trespas. » C'est-à-dire pour commencer à valoir après son trépas. L'on y excepte les contrats de mariage, parce que dans la pratique moderne ils sont susceptibles de toute sorte de stipulations.

Ce point de nos coutumes n'était pas contraire aux vrais principes. En effet, contracter et n'être jamais obligé soi-même, dans aucun temps de sa vie, paraît impliquer une contradiction en droit, et cette faculté, si funeste aux héritiers, semble devoir être sujette à beaucoup d'inconvéniens.

L'ancien droit romain a été semblable au nôtre jusqu'au temps de Justinien, à qui il a plu de porter sa réforme sur ce point comme sur tant d'autres, en taxant de subtilité l'ancienne pratique et vantant sa manie d'innover. *Vide* Leg. un. cod. *Ut actiones ab heredibus et contra heredes incipiant,* lib 4, tit. 11. *Ab heredibus incipere actiones, vel contra heredes, veteres non concedebant contemplatione stipulationum cœterarumque causarum post mortem conceptarum. Sed nobis necesse est,* etc.

ARTICLE IX.

Des fidéjusseurs ou cautions.

La nature du cautionnement étant d'être obligé pour la même chose que le débiteur principal, il en résulte une obligation solidaire de la part de ce débiteur et de celui qui l'a cautionné; de façon que le créancier, selon les vrais principes de droit, a l'option d'agir contre celui des deux que bon lui semble. Tel a toujours été l'usage en Hainaut, où le bénéfice d'*ordre* ou de *discussion* n'a jamais été connu, et il est notoire que tel a toujours été aussi l'ancien droit romain. « Si quelqu'un avoit ac-

» tion sur quelque manant du pays, pour lequel un autre se » seroit constitué pleige et répondant, il pourra poursuivre ledit » pleige tout premier, si bon lui semble, *ainsi qu'il a été fait* » *de tout temps*, sans lui être nécessaire d'user de discussion » contre le principal. » *Chart. génér.*, chap. CXIV, art. 1.

Justinien le premier a dérogé à l'ancien droit, et a établi par la novelle 4, chap. I, que le créancier ne pourrait attaquer le fidéjusseur avant d'avoir discuté l'obligé primitif et principal. Ce droit nouveau a été reçu presque partout; mais en Hainaut l'on a conservé l'ancien.

ARTICLE X.

Du bénéfice de division entre les fidéjusseurs.

Si deux personnes répondent pour une troisième, il est certain en droit que ces répondans contractent une obligation solidaire, puisque chacun d'eux s'engage à remplir l'obligation tout entière du débiteur. Néanmoins, l'empereur Adrien, environ quatre siècles avant Justinien, en dérogeant à la rigueur ou plutôt à la pureté du droit, avait établi que le créancier diviserait son action entre les fidéjusseurs, s'ils étaient solvables à l'époque où il l'intentait. Plusieurs lois du Digeste, au titre *de fidejussoribus*, font mention de ce bénéfice, ainsi que le § 4 du même titre aux Institutes, ainsi conçu : *Si plures sint fidejussores, quotquot erunt numero, singuli in solidum tenentur. Itaque liberum est creditori, à quo velit, solidum petere. Sed ex epistola divi Hadriani compellitur creditor à singulis, qui modò solvendo sunt, litis contestatæ tempore, partes petere.*

L'on demande si ce bénéfice de division, quoique déjà assez ancien et usité du temps de l'empereur Adrien, au commencement du second siècle de notre ère, a eu lieu en Hainaut? Je n'ai jamais vu le cas se présenter en justice; mais je pense qu'il eût été juridique de décider pour la négative.

Il est constant qu'en principe l'obligation de ces fidéjusseurs est solidaire, et le mot seul de *bénéfice* par lequel on l'a divisée, le démontre. Nos chartes n'accordent pas nommément ce bénéfice, et il n'est point décrété par leur homologation que, dans leur silence, on doit suivre la compilation de Justinien : donc il reste à suivre les principes de droit; or, selon ces principes, l'obligation est solidaire; donc, chacun des fidéjusseurs est tenu pour le tout, sans que le créancier doive diviser son action, si cette division n'a pas été stipulée.

Il y a plus, car l'on peut soutenir que la charte s'oppose à ce bénéfice de division, en statuant, à la fin de l'article 1er dudit chap. CXIV que, *quand il y aura plusieurs personnes obligées, chacune pour le tout, l'on se pourra aussi adresser contre celui que bon semblera et pour le tout.* Quand même la charte ne voudrait ici établir qu'une règle générale pour ceux qui sont obligés solidairement, pour les *correi debendi*, il s'ensuivrait déjà qu'elle est applicable aux fidéjusseurs, puisqu'ils sont dans ce cas et qu'elle ne fait point d'exception en leur faveur. Loin de là, il semble au contraire que c'est eux qu'elle a surtout eus en vue, puisque le chapitre n'est point intitulé *des obligations solidaires*, mais *de poursuivre le principal ou son pleige*, et que dans les deux seuls articles qu'il contient, il paraît qu'il ne s'agit que des obligations des fidéjusseurs. Ainsi en interprétant la règle ci-dessus *pro subjectâ materiâ*, elle doit naturellement s'appliquer aux fidéjusseurs coobligés.

En un mot, dans notre droit, les cautions restent dans leur obligation naturelle, juridique et stricte, sans aucun des bénéfices d'Adrien ou de Justinien, lorsque le contract ne les stipule pas.

En général, pour le dire ici en passant, puisque cela ne sort pas de mon sujet, j'estime que la novelle 99, qui exclut toute solidarité d'action, à moins qu'elle ne soit convenue en termes formels et exprès, ne devait point être suivie en Hainaut, parce que les novelles de Justinien n'y ont jamais reçu force de loi; parce que celle-ci est contraire à l'ancien droit romain que nos ancêtres ont jadis adopté, et enfin parce qu'elle est contraire aux vrais principes que rien ne nous dispense de suivre.

ARTICLE XI.

De la novation.

Il suffit de lire l'art. 12 du chap. XCVIII des chartes de 1534, pour être persuadé que la loi dernière au code *de novationibus* n'était pas reçue en Hainaut, et que la novation, sans être formellement exprimée, se présumait par les clauses et conditions apposées au deuxième contrat, comme cela se pratiquait dans l'ancien droit avant Justinien, auteur de la susdite loi. Voici l'article entier. « Si un homme est obligé à payer certaine debte » à jour ou terme, et que avec lui y ait aucuns autres obligez » comme pleges (*cautions*), et que le principal debteur *innove » le contrat avec son crediteur en prorogant le jour, ou con- » vertissant son deu en autre marchandise*, en ce cas les ple- » ges en seront quittes et deschargez, n'estoit que la plegerie » fût aussi renouvellée. »

On voit là deux cas où la loi suppose et déclare même y avoir novation, quoique les parties ne l'aient point exprimé, parce que leur volonté est suffisamment manifestée par la chose.

L'art. 2 du chap. CXIV de la nouvelle charte de 1619 est conçu dans les mêmes termes; mais les rédacteurs y ont ajouté la clôture suivante : « Bien entendu qu'en tous autres cas la » dette ou action ne sera tenue innovée, si les parties ne l'ont » ainsi expressément déclaré. »

On aperçoit clairement que les rédacteurs ont ici eu en vue la loi dernière au code *de novat.*, et l'ont voulu en partie introduire dans notre province. J'en suis d'autant plus surpris que cette mauvaise loi de Justinien a même été rejetée des pays où son corps de droit a été reçu, comme l'attestent Charondas et Antumuus pour la France, et Stockmans pour le Brabant. *Decis.* 147, où il dit : *N° 1. Res ipsa clamat inter novas constitutiones Justiniani esse quæ non satis maturo consilio conditæ sunt, ut ecce quod l. ult. cod.* DE NOVATIONIBUS, *statutum est non aliter fieri novationem quàm si id expresserint contrahentes, minimè verò ex his argumentis unde veteres juris conditores introducebant novationes, usùs nunquam admisit, nec consentaneum id est menti contrahentium.*

ARTICLE XII.

De la cession ou vente d'actions.

Je suis également persuadé qu'avant 1619 les lois 22 et 23 *per diversas* et *ab Anastasio* au code, liv. 4, tit. 35, *mandati*, n'étaient pas en usage en Hainaut. Ceux qui avaient acheté une action l'exerçaient tout entière et en avaient tout le profit, parce que le créancier leur avait transféré tout son droit. Tels sont aussi les principes enseignés dans le digeste. Une certaine lueur d'équité a engagé Anastase, empereur d'Orient, à permettre aux débiteurs de racheter les actions pour le même prix qu'elles ont été cédées.

Cette loi n'a été naturalisée chez nous que par l'art. 3 du chap. 112 des nouvelles chartes de 1619, car les précédentes n'en parlent pas, et la tournure de cet art. 3, combinée avec l'article premier, indique suffisamment que c'est un droit nouveau qu'on établit.

Art. 1. « Tous débiteurs contraints par justice *seront tenus* » *d'ici en avant*...... »

Art. 3. « *Si seront* les acheteurs des actions personnelles tenus » et sujets de représenter aux débiteurs ou leurs héritiers les con- » trats et transports d'icelles, pour les pouvoir reprendre pour le » même prix que vendus ou transportés seroient, etc. »

Il est à remarquer que nos nouvelles chartes avaient déjà été conçues dans un recueil qui a été lu à l'assemblée des états du pays en 1560, pour être ensuite homologuées par le souverain; que ce projet a été suspendu par les troubles du pays et ensuite repris au commencement du siècle suivant; or, cet art. 3 du chap. 112 ne se trouvait pas dans le *concept* de 1560; il n'a été inséré dans la charte que lors du dernier travail qu'on a fait peu avant l'homologation, sous le règne des archiducs Albert et Isabelle : c'est un fait que j'ai constaté, ayant eu recours aux concepts originaux qui sont aux archives des états. Par cette nouveauté on a voulu changer sur ce point l'ancienne pratique, qui était conforme au droit antérieur à l'empereur Anastase, décédé en 518.

ARTICLE XIII.

De la plus-pétition.

L'article 3 du chap. CXI des chartes générales de 1619 s'exprime en ces termes : « Et jaçoit que jusques à présent l'on » ait pratiqué de condamner, *en cas d'excès quel qu'il fût*, le » demandeur pour simple dette à connoître, nous ordonnons que » d'ici en après, quand il y aura, en semblables poursuites, excès » de la moitié, le défendeur soit absout de dépens à quantité, » encore qu'il n'ait fait aucune offre. »

Ainsi, avant 1619, quand une dette n'était pas reconnue par acte écrit, il fallait tellement renfermer sa demande dans les bornes de ce qui était dû, que pour le peu qu'on en sortît, on perdait son procès.

Je pense qu'avant la charte de 1483 il en était de même pour les dettes reconnues par lettres, cette charte ayant établi pour l'avenir art... que lorsque pareille traite serait excessive du dixième, le poursuivant serait obligé de restituer à la partie intéressée, les dépens du procès à proportion. Ce dixième a été porté au quart par la charte de 1619. Chap. CXI, art. 1.

Cette pratique avait quelque chose de dur pour les créanciers; c'était pourtant celle des Romains, même du temps des jurisconsultes dont les noms sont en tête des décisions du digeste. Ce n'est que sous les empereurs Zénon et Justinien qu'on a introduit une autre pratique qui était encore toute différente de nos usages modernes.

Les Romains, pour apprendre aux créanciers à bien connaître leur droit, et à ne pas molester les débiteurs, croyaient qu'il n'y avait pas d'injustice à condamner purement et simplement un demandeur excessif, et même à lui faire perdre sa créance (sans doute sur pied *de chose jugée*). Paulus, lib. 1, sent. 10. *Causa cadimus aut loco, aut summâ, aut tempore, aut qualitate. Loco, si alibi: summâ, si plus quam damus, petimus.*

Justinien, § 33, *de Actionibus*, aux Institutes, lib. 4, tit. 6, explique clairement cette ancienne pratique et les quatre sortes de *plus-pétition.*

Si quis agens intentione suâ plus complexus fuerit, quam ad eum pertineat, causâ cadebat, id est rem amittebat, nec facilè, in integrum restituebatur a prætore, nisi minor erat 25 *annis...*

Sed hæc quidem antea in usu fuerant, posteà vero lex zenoniana et nostra rem coarctavit.

C'est à cet usage que fait allusion Plaute dans sa comédie, intitulée *Mostellaria. Velim quidem herclè ut uno nummo plus petas.* Suétone, dans la vie de l'empereur Claude, chap. XIV, a dit de lui : *Nec semper præscripta legum secutus, duritiam lenitatemve multarum ex bono et æquo, perindè ut afficiatur, mo-*

deratus est. Nam et iis qui apud privatos judices plus petendo formulâ excidissent, restituit actiones.

Notre ancien usage à cet égard, quelque bizarre qu'il puisse paraître aujourd'hui, était donc encore tiré de l'ancien droit romain.

ARTICLE XIV.

Des réponses par croire ou non croire, ou sur faits et articles.

L'on voit dans le § 2 des points et articles de 1601 déjà cités ci-dessus, pag. 14, que cette manière d'interroger sa partie adverse, dans le cours d'un procès, pour éviter les embarras d'une enquête, et que d'après la pratique française, nous nommons aujourd'hui *réponses sur faits et articles*, n'était pas usitée en Hainaut avant 1601.

« Et pour autant que jusques ores en notre dit pays et comté » de Hainaut n'est mis en pratique le stil de faire répondre les » parties par *credit vel non;* nous, pour y remédier et éviter tous » dépens superflus, avons ordonné et ordonnons que l'on pourra » user dudit stil de *credit vel non*, au regard des vérifications, » tant sur la matière principale, que sur reproches ou salva- » tions : et suivant ce constraindre chacune des parties respective- » ment à répondre aux faits portés et contenus en leurs écritures, » par ledit terme de *credit vel non*, etc.

Le titre du Digeste, *de Interrogationibus in jure faciendis*, où il s'agit aussi des interrogations adressées à sa partie, pourrait faire croire, à la première vue, que cette méthode était connue des praticiens romains; mais il suffit d'examiner attentivement ce titre d'un bout à l'autre, pour se convaincre qu'il n'a rien de commun avec cette partie de notre procédure moderne, que nous appelions aux Pays-Bas *réponses par credit vel non*. Les Romains n'en avaient pas plus de connaissance que nos ancêtres.

Ce que nous avons dit, dans l'article précédent, du danger des demandes excessives, donne la clef du titre *de interrogationibus in jure faciendis*. Car s'il fallait attaquer l'héritier de quelque défunt, il était important de savoir s'il s'était effectivement rendu héritier, et pour quelle part il l'était, de crainte de l'attaquer pour plus qu'il n'était soumis à payer. Or, pour s'assurer de cela et ne pas s'exposer à intenter une demande excessive, avant de commencer le procès on avait le droit d'interroger, pardevant le magistrat, son adversaire futur, s'il était héritier et pour quelle portion.

Il en était de même lorsqu'on devait actionner un possesseur, à raison de la chose ou de la portion de la chose qu'il possédait.

Edictum de interrogationibus ideo prætor proposuit, quia sciebat difficile esse ei qui heredem, bonorumve possessorem convenit, probare aliquem esse heredem, bonorumve possessorem, l. 2, D. hoc tit., lib. 11.

Toties heres in jure interrogandus est quâ ex parte heres sit, quoties adversus eum actio instituitur et dubitat actor quâ ex parte is cum quo agere velit, heres sit. . . . . . . Ne, dum ignoret actor, qua ex parte adversarius defuncto heres exstiterit, interdum plus petendo aliquid damni sentiat. Leg. 1, ibid.

De là on peut voir combien ces interrogations du style romain étaient différentes des nôtres : celles-là se faisaient avant ou en commençant le procès, pour pouvoir donner à l'action la juste étendue qu'elle devait avoir pour ne pas être excessive; les nôtres se font pendant le procès, et lorsqu'il y a admission à preuves dont elles font partie.

Celles-là ne se faisaient qu'à des héritiers ou possesseurs, lorsqu'on devait agir contre eux à raison de ces quotités, et l'édit du préteur était conçu en ces termes : *Qui in jure interrogatus responderit, quâ ex parte sit heres aut bonorum possessor, ex suâ responsione actionem dabo.*

Les nôtres se font dans toute sorte de procès civils, à toute sorte de plaideurs, et sur toutes matières quelconques où il échet des preuves à faire.

Chez les Romains, la partie interrogée répondait catégoriquement *je suis héritier ou possesseur, et pour telle portion*, ou *je ne le suis pas.* Dans notre barreau moderne la partie interrogée ne répondait pas affirmativement ou négativement sur les faits posés, mais seulement par la formule *je crois* ou *je ne crois pas.*

Je conclus donc que le manque où nous étions avant 1601 de cette espèce d'enquête, tandis qu'on la pratiquait chez nos voisins, était une suite de la conformité de nos anciennes formes judiciaires avec celles de l'ancien droit romain. Cette conformité va devenir plus saillante encore dans les articles suivans.

ARTICLE XV.

De la faculté d'agir en justice par procureur.

Jusqu'en 1410 il avait toujours été d'usage en Hainaut qu'on ne pouvait intenter une action en justice par procureur, mais qu'il fallait le faire en personne, quels que fussent les empêchemens de maladie, d'absence, etc.

« Item il adies estet uset en noditte court de Mons, que nulx » quels qu'il fust ny pooit plaider en demandant, se li ny estoit en » propre personne, mesmes nonobstant ensoing de maladie, ou » autre occupation qu'il euwist. » Charte de 1410, art. 5.

Cet usage était conforme à l'ancien, mais très-ancien droit romain, où les actions étant ce qu'on appelait des actes de la loi *legis actiones* ou *actus legitimi*, ne pouvaient s'exercer qu'en propre personne. L. 2, § 6, *D. de origine juris.*

Le commencement du titre 10 du 4e livre des Institutes *de iis per quos agere possumus* ne nous laisse aucun doute sur cet ancien droit, mais il ne détermine pas l'époque où il est tombé en désuétude.

Nunc admonendi sumus agere posse quemlibet hominem aut suo nomine aut alieno. Alieno veluti procuratorio, cum olim in usu fuisset alterius nomine agi non posse nisi pro populo, etc........ *Sed quia hoc non minimam incommoditatem habebat quod alieno nomine neque agere, neque excipere actionem licebat, cœperunt homines per procuratores litigare.* Voyez le *Commentaire* de Vinnius, sur ce texte.

Il serait difficile de fixer le temps où cet usage des procureurs, dans les procès, a commencé à Rome.

Il était certainement établi au commencement du troisième siècle, lorsque florissaient les jurisconsultes Ulpien et Paul, dont nous avons plusieurs décisions en cette matière au titre *de procuratoribus et defensoribus*, au Digeste; il l'était même sous l'empereur Adrien, puisque l'édit perpétuel en parle plus d'une fois.

Ainsi voilà encore un point de l'ancien droit, qui, quoiqu'aboli à Rome dès le deuxième siècle, avait passé antérieurement dans nos contrées et s'y est conservé jusqu'en 1410.

On sait que les formules du moine Marculfe, écrites en très-mauvais latin de son temps, indiquent quelle était la pratique des affaires et la rédaction des actes à Paris et dans les environs, sous la première race des rois de France. La formule vingt-unième du premier livre fait voir que, pour intenter ou soutenir un procès, on était obligé d'ester en personne devant le juge, à moins que pour de bons motifs on n'eût obtenu du roi la permission de se faire représenter par procureur. Sur quoi Bignon a écrit la note suivante : *Vetustissimo romano jure non licebat per procuratorem agere; sed postea receptum est in plerisque causis per procuratorem etiam experiri. Apud Francos vero, illud non licuisse citra principis rescriptum docet hæc formula.*

Cette obligation a reçu des modifications par la suite des temps en faveur des corporations et de quelques personnes privilégiées. Ce n'est qu'en 1483, que les états-généraux du royaume, assemblés à Tours, ont autorisé toutes les parties indistinctement, à se faire représenter par procureur, sans avoir besoin d'octroi.

ARTICLE XVI.

De l'usage des procureurs dans les actes de juridiction volontaire.

Nous venons de voir qu'en matière de juridiction contentieuse, les procureurs ont été admis chez nous par la charte de

1410, mais ils n'ont été reçus que beaucoup plus tard dans l'exercice des actes de juridiction volontaire, tels que les déshéritances et adhéritances des immeubles, et autres œuvres de loi qui se pratiquaient devant les juges de la glèbe, pour aliénation ou hypothécation des biens.

Tous ces actes devaient autrefois se faire en personne; il en était de même dans la coutume de Cambrai, ch. V, art. 3. Ce n'est qu'au commencement du dix-septième siècle, savoir par le paragraphe 25 des points et articles de 1601, pour les biens féodaux et allodiaux, et par l'article 1 du décret du 20 mars 1606 pour les biens de roture, qu'il fut permis en Hainaut de les faire par procureurs. Voici comme s'exprime ce dernier décret : « Comme par ci-devant et jusques à présent, par la loi » et coustume du chef-lieu de Mons, n'a esté permis de disposer, » faire deshéritances et œuvres de loi vaillables des biens et » héritages de mainfermes par procureur, ce qui tourne à grand » préjudice, d'autant que les propriétaires estans absens, ma- » lades, détenus en prison, ou autrement empeschés, ne pou- » voient s'aider de leurs biens, à faute de pouvoir comparoistre » en personne pardevant les gens de loi des lieux où les héritages » sont situés......, avons ordonné et statué, ordonnons et sta- » tuons que d'ici enavant l'on puist et pourra, etc. »

Cet usage paraissait singulier, même au temps qu'on l'a changé; il était néanmoins conforme à ce que prescrit, je ne dirai plus l'ancien droit romain, mais le droit romain de tous les temps à l'égard des actes de juridiction volontaire, qui ont toujours dû se pratiquer en personne, même après qu'il a été permis de se servir de procureurs en matière contentieuse.

Je conviens que les Romains ne connaissaient pas nos œuvres de loi usitées dans les pays de nantissement, mais il reste vrai qu'elles sont des actes de juridiction volontaire et que les Romains ne faisaient cette espèce d'actes qu'en personne par-devant le magistrat compétent. Tels étaient chez eux l'adoption, l'émancipation, la manumission, etc. Vid. l. 25, § 1, D. *de adoptionibus*.

Les commentateurs n'ont qu'une voix là-dessus. Vinnius pourra leur servir d'organe.

Postquam actus contentiosæ jurisdictionis, qualitatem illam ex quâ olim LEGIS ACTIONES *æstimabantur, amiserunt, cæperuntque per procuratores exerceri, soli actus jurisdictionis voluntariæ, quales sunt adoptio, emancipatio, manumissio, nomen vetus* LEGIS ACTIONUM *et naturam retinuerunt, ut alieno nomine expediri nequeant : eòque refero legem* 123, DE REG. JUR. Comm. ad tit. Inst. DE IIS PER QUOS AGERE POSSUMUS.

ARTICLE XVII.

Des dépens de procès.

Avant la charte de 1483, il n'était pas d'usage en Hainaut de condamner aux dépens celui qui perdait son procès. C'est ce que prouve en matière de possessoire et de pétitoire l'article 6 de cette charte où on lit : « Item il a esté cy-devant usé en tous procès » propriétaires et pluiseurs autres, tant en nostre cour de Mons, » comme ès cours subjettes y sortissans à cheflieu, que nulz despens ne se rendoient par le deschéant, sinon fraiz d'enqueste » seulement; au moyen de quoi pluiseurs voluntaires pour pro-

» tervier sa partie, estoient tant plus enclins à soustenir procès » sur leur tort; afin de y remedier, voulons et constituons que en » tous procès qui se feront en nostredite cour de Mons pour ma- » tieres proprietaires, tenure brisie, en cas de griefs et de nou- » vellité et autrement, tous despens soient rendus par le deschéant, » au taux de nostredite cour, comme l'on fait pour obligacions » personnelles, et pareillement en soit fait et usé des procès qui » se feront en toutes cours subjettes sortissans en nostredite sou- » veraine cour de Mons. »

Les plaideurs n'étaient pourtant pas exempts de toute peine, car ils étaient soumis à la peine du demi-quint, c'est-à-dire devaient payer à la justice la dixième partie de la valeur de l'objet litigieux. Cette peine est de la plus haute antiquité dans nos coutumes, et subsiste encore dans quelques endroits de nos chartes nouvelles, mais on trouvait souvent moyen de l'éluder.

Ce double usage relativement aux dépens de procédures et à la peine du demi-quint nous était encore provenu de l'ancienne jurisprudence des Romains, chez qui, au lieu de dépens, on devait payer la dixième partie de l'objet mis en contestation.

Il est fait mention de cette ancienne jurisprudence dans le code hermogénien L. ult. *de calumniat.*, et Justinien nous la rappelle aussi dans les Institutes, liv. 4, tit. 16, *de pœnâ temerè litigantium*, § 1 vers la fin, où nous lisons : *Hæc autem omnia pro veteri calumniæ actione introducta sunt quæ in desuetudinem abiit; quia in partem decimam litis actores mulctabat, quod nusquam factum esse invenimus, sed pro his introductum est et præfatum jusjurandum et ut improbus litigator et damnum et impensas litis inferre adversario suo cogatur.* Vinnius, dans son commentaire sur ce texte, l'explique clairement et en peu de mots : *Fuit vetus quædam calumniæ actio, quâ improbi litigatores in partem decimam æstimationis litis, expensarum nomine, multabantur.*

Il semble, par l'article 6 de la charte de 1483 cité ci-dessus, que notre ancien usage de ne pas adjuger les dépens n'était pas général et souffrait exception quand le procès roulait sur une *obligation personnelle.* Il est apparent qu'il était de style d'insérer dans les actes d'obligations personnelles que si le débiteur était en défaut d'y satisfaire, il devrait payer tous *loyaux cousts et frais* engendrés à ce sujet, comme cela se pratique encore dans les obligations pour rentes. Ainsi, en matière d'obligations personnelles, les dépens s'adjugeaient alors, non pas *officio judicis*, mais en exécution du contrat.

Dans la vingtième formule de Marculfe, liv. 1, il est fait mention de *decima sumptus illius litis* dans une contestation pour le partage d'une succession. Bignon, dans ses notes sur cette formule, observe que les Francs avaient emprunté des Romains l'usage de faire consister les dépens des procès dans la dixième partie de l'objet litigieux, et que cet usage a continué plusieurs siècles dans le moyen-âge. *Decimam litis apud Francos receptam fuisse probat hæc formula ; quæ a Romanis accepta in tantum invaluit, ut non aliæ litium expensæ multis seculis in usu fuerint præter decimam rei in judicium deductæ.* Le président Wielant, tydt. 9, c. XXXVI, nous apprend qu'en Flandre on a suivi la même pratique jusqu'au quinzième siècle. Cette jurisprudence a été changée en France par l'ordonnance de Charles IV du mois de janvier 1324, d'après laquelle le plaideur qui perd son procès est condamné aux dépens à taxer par le juge. *Recueil des ordonnances des rois de France*, tom. 1, p. 784.

ARTICLE XVIII.

De la caution JUDICATUM SOLVI.

Le titre du Digeste *judicatum solvi*, au liv. 46, nous apprend que le défendeur devait fournir une caution pour l'accomplissement de la sentence. Ce titre ne fait pas de distinction entre les actions *in rem* et les actions *in personam*. Si l'on en croit les rédacteurs des institutes, cette caution ne s'exigeait que par ceux qui intentaient des actions *in rem*, sauf que dans les actions personnelles le défendeur devait aussi donner caution, s'il soutenait la cause d'un autre, avec ou sans mandat. Inst. tit. *de satisdat.* in pr. et § 1.

Quoi qu'il en soit de cette distinction, du temps de Justinien cette caution ne s'exigeait plus.

Sed hodiè hæc aliter observantur. Sive enim quis in rem actione convenitur, sive personali suo nomine, nullam satisdationem pro litis æstimatione dare compellitur. Ibid.

Dans notre ancien usage, le défendeur était aussi obligé de fournir caution pour tout l'objet déduit en jugement, et en cas qu'il ne le fît pas, il devait tenir prison. Cette obligation avait même lieu tant dans les causes personnelles que les réelles.

« Afin de pourveoir aux excessives et voluntaires traites qui se » font souvent de plus grant somme que le deu par lettres ou » debtes à cognoistre, dont par impuissance de pooir caucionner,

» pluiseurs sur cui telles demandes voluntaires estoient faictes ont » eu à petite occasion leurs biens exécutez; parce que selon la » coustume de nostre dit pays, qui voelt estre receu à opposition, » il convient caucionner dautant que porte la demande ou tenir » prison, etc. » Charte de 1483, art. 28. A cet égard notre ancienne jurisprudence découlait encore de celle du droit romain antérieur à Justinien.

ARTICLE XIX.

De la compensation.

Avant la charte de 1483, le défendeur ne pouvait pas opposer la compensation : « Pourtant qu'il a esté entendu et usé en » nostre dit pays que se deux personnes estoient redevables l'un » envers l'autre, et que l'un feist traicte sur l'autre premiers, ou » que par malice ung à cui ne seroit riens deu feist traicte sur » celui mesmes à cui il issoit redevable, en ce cas dela en avant » icellui premier contraint n'estoit recevable à poursuyr son deu » ne mesme le alouer en paye jusques a diffinition du premier » procès, voellans maintenir qu'il ne pooit avoir deux poursuyans » en une cause, etc. » *Ch. de* 1483, art. 27.

Je soutiens que cet usage est encore tiré de l'ancien droit romain, quoique la matière des compensations soit traitée bien au long dans le Digeste.

Mais ce point demande un peu plus de discussion que les précédens, et il faut encore remonter ici plus haut que le temps de Paul et d'Ulpien et des autres jurisconsultes dont les décisions remplissent les pandectes.

Rien n'est plus célèbre dans le droit romain que la division des contrats en contrats *bonæ fidei* et en contrats *stricti juris*. Les actions qui naissaient des premiers s'appelaient aussi *bonæ fidei*, et celles que produisaient les seconds s'appelaient également *stricti juris*. Cette division ne provenait pas de ce que la bonne foi fût requise dans une espèce de contrats plutôt que dans l'autre; mais elle avait pris sa source dans la forme des jugemens qu'on y rendait; car lorsque le juge, délégué par le préteur, prononçait sur la première espèce de ces actions, son pouvoir était plus étendu, et il estimait équitablement d'après la bonne foi, *ex bono et æquo*, ce que l'une des parties devait à l'autre. Leg. 2, § 3 et leg. 5, pr. *D. de obl. et act.*, lib. 44.

Quand il prononçait sur le genre d'actions *stricti juris*, son pouvoir était borné à faire uniquement droit sur la demande, d'après la délégation ou formule qui lui était donnée par le préteur. C'est la formule que donnait le préteur au juge délégué qui a fait naître ces dénominations.

Car, dans le premier cas, il permettait et ordonnait de juger le différend *ex bonâ fide*, Cicero, *in topic.* et lib. 3 *de offic.* Dans le second cas, la formule était précise et conçue, par exemple, en ces termes : *Si paret Mævium Sempronio centum ex stipulatu debere, tum Mævius damnetur.* Le juge alors était tellement astreint à la formule qu'il ne pouvait s'en écarter à aucun égard, et que tout son devoir se bornait à examiner s'il y avait eu une stipulation de cent écus entre Mævius et Sempronius.

En général, les actions de bonne foi étaient celles qui naissaient d'un contrat bilatéral, où chacun des contractans obligeait l'autre et était réciproquement obligé envers lui. Elles n'étaient guère qu'au nombre de quinze ou seize dont on peut voir l'énumération, § 28 *de act.* aux Instit., liv. 4, tit. 6. Les actions de droit étroit découlaient des obligations unilatérales, où l'un des contractans seulement était obligé envers l'autre; telles étaient les actions *ex stipulatu, ex mutuo, ex causâ donationis, ex testamento*, la plupart des actions appelées *condictiones*, la plupart des actions *in factum*, les actions civiles qui provenaient des délits et quasi-délits, etc.

Je ne puis pas entrer ici dans le détail des différences qu'il y avait entre ces deux espèces d'actions, parce que je n'écris que pour les gens de l'art qui sont censés les connaître, et que d'ailleurs on peut s'en instruire chez les commentateurs qui ont traité cette matière du droit romain.

Mais une de ces différences qu'on ne trouve pas communément est celle-ci, qu'anciennement et avant le règne de l'empereur Marc Aurèle, qui a commencé en l'an 161, on ne pouvait pas opposer la compensation dans les procès mus sur une action *stricti juris*; tandis qu'on le pouvait lorsque l'action était *bonæ fidei*.

Ce n'est même qu'au temps de Justinien qu'il a été permis de s'en servir également dans toute espèce de circonstances et de procès, parce qu'il a été établi pour règle que la compensation éteignait ou diminuait de plein droit, *ipso jure*, toute sorte d'actions, sauf celle de dépôt; au lieu que le rescrit de Marc Aurèle avait seulement ordonné qu'à l'avenir, dans les jugemens *stricti juris*, on pourrait élider l'action par la compensation, en opposant l'exception de dol, ce qui ne pouvait pas se faire auparavant; de sorte que depuis le règne de Marc Aurèle jusqu'à celui de Justinien, il y avait encore cette différence en matière de compensation entre les jugemens *bonæ fidei* et *stricti juris*, que dans les premiers, la compensation se faisait de plein droit, au lieu que dans les seconds, elle ne se faisait qu'au moyen d'une exception; différence que les jurisconsultes, imbus du droit romain, comprennent, et sur laquelle je ne m'étends pas, parce qu'elle sort de mon sujet.

Je trouve la preuve de ces trois sortes de jurisprudence successives et de leurs époques dans le § 30 *de actionibus* aux Institutes. *In bonæ fidei judiciis libera potestas permitti videtur judici ex bono et æquo æstimandi quantum actori restitui debeat, in quo et illud continetur, ut si quid invicem præstare actorem oporteat, eo compensato, in reliquum is cum quo actum est debeat condemnari. Sed et in stricti juris judiciis ex rescripto divi Marci, opposità doli mali exceptione, compensatio inducebatur. Sed nostra constitutio easdem compensationes quæ jure aperto nituntur, latius introduxit, ut actiones ipso jure minuant sive in rem, sive in personam, sive alias quascumque.* Vid. *leg. ult. cod.* DE COMPENS., lib. 4, tit. 31.

Ainsi donc avant le règne de Marc Aurèle, commencé en l'an 161, et lorsque les Romains ont établi leur jurisprudence dans la Belgique, la compensation n'était point admise dans les jugemens *stricti juris*, et cela est aisé à concevoir, car dès qu'il était reçu, dans ce cas, que la compensation n'éteignait pas la créance de plein droit et avec effet rétroactif, elle ne pouvait pas être considérée comme un moyen de défense à l'action intentée; mais elle était elle-même une nouvelle demande ou action réciproque de la part du défendeur, que les Romains appelaient *mutua petitio*, et nous *reconvention;* or, d'après la formule, le juge n'avait point de qualité pour prononcer sur cette demande du défendeur, puisque la juridiction ne lui était déléguée que pour faire droit sur l'action du demandeur. S'il avait fait droit sur la demande en compensation, il eût excédé les termes de la formule et par suite les limites de son pouvoir; dans ce cas, le défendeur, créancier de celui qui l'avait attrait le premier en justice, devait faire un procès à part et obtenir un jugement séparé, d'après une nouvelle formule relative à son action.

Cette explication qui, je crois, sera sensible à mes lecteurs, cadre parfaitement avec notre ancien usage et avec la raison qu'en rend la charte de 1483. *Voellans maintenir qu'il ne pooit avoir deux poursuyans en une cause;* c'est-à-dire que la compensation n'était pas regardée comme une défense, mais comme une action séparée qui exigeait aussi un procès et un jugement tout-à-fait séparés.

Si l'on me demande à présent pourquoi cet usage était général chez nos ancêtres dans toute espèce de procès, tandis que les Romains ne l'observaient que dans les jugemens *stricti juris* et non dans ceux *bonæ fidei;* je répondrai franchement que je n'ai jusqu'ici là-dessus que des conjectures.

Peut-être que les proconsuls, qui faisaient les fonctions de préteur dans nos provinces, ne donnaient aux juges délégués que des formules simples *stricti juris*, sans ajouter la clause extensive de leur pouvoir au delà de l'action introductive d'instance.

Peut-être aussi, que comme les actions *bonæ fidei* étaient en beaucoup plus petit nombre que les actions *stricti juris*, l'usage observé à l'égard des plus nombreuses se sera seul maintenu à travers l'écoulement de tant de siècles et de révolutions qui se sont succédé depuis la conquête romaine jusqu'en 1483. Peut-être enfin très-anciennement, et sous les premiers empereurs, la compensation ne se faisait-elle pas plus de plein droit dans les jugemens *bonæ fidei* que dans ceux *stricti juris* (1).

ARTICLE XX.

Des intérêts judiciaires.

Dans la pratique il est d'un usage général de demander et d'obtenir l'intérêt d'une somme d'argent due depuis la demande faite en justice. C'est ce qu'on appelle les *intérêts judiciaires*. Les points et articles décrétés en 1601, § 3, nous font connaître qu'avant cette époque les intérêts judiciaires n'étaient pas adjugés dans la pratique du Hainaut. En voici le texte :

« Comme en notre pays de Hainaut, l'adjudication d'intérêts » pecuniaires n'a été en usance, qui a donné occasion aux per- » sonnes processives et litigieuses de les rendre tant plus retives » à ceder et se departir de leur injuste opposition, jouissant ce-

---

(1) Une chose digne de remarque c'est que dans la coutume de Tournai la compensation n'était pas admise. Chap. XXVII, art. 1. Il y a tout lieu de croire que ce point de coutume était un reste du droit que les Romains avaient apporté dans cette ancienne ville, chef-lieu d'un des peuples de la Belgique désigné par César, et qui dans la notice des provinces et des cités de la Gaule sous l'empire romain est désignée sous le nom de *Civitas Turnacensium*.

» pendant de ce qu'elles doivent ou detiennent d'autrui, sans » crainte d'aucuns intérêts..... pour à ce obvier..... Voulons et » ordonnons qu'es matieres de bonne foi et où l'équité le ré- » querra, soient les juges autorisés, comme les autorisons par les » presentes, d'adjuger intérêts au denier seize conjointement » avec la somme principale, depuis le jour de la poursuite, etc. »

Cet usage, qui était alors particulier à la pratique du Hainaut, lui était encore resté de l'ancienne jurisprudence romaine. Tous les auteurs sont d'accord que dans les actions et jugemens, *stricti juris*, la demeure du débiteur n'engendrait pas d'intérêts, à moins qu'ils n'eussent été expressément stipulés, l. 3 et 13, Cod. *De usuris*, lib. 4, tit. 32.

Il est vrai que Paul, dans la très-brève loi 35, *De usuris* au Digeste, liv. 22, tit. 1, dit : *Post litem contestatam usuræ currunt.* Mais les interprètes conviennent que ce texte signifie seulement que les intérêts courent après la litiscontestation, quand ils couraient auparavant. Chose dont on aurait pu douter, parce que la litiscontestation, chez les Romains, induisait une sorte de novation.

Ainsi dans tous les contrats et jugemens *stricti juris*, le droit romain était conforme à notre ancienne jurisprudence antérieure à 1601, relative aux intérêts judiciaires.

Il reste à examiner s'il en était de même dans les jugemens *bonæ fidei.* Cette matière présente quelque difficulté, mais elle a été savamment traitée et éclaircie par Noodt, célèbre jurisconsulte hollandais, dans son traité *De fœnore et usuris*, lib. 3, cap. 6. Je reconnais volontiers que c'est à lui que j'emprunte la suite du présent article. Il convient que dans le dernier état de la jurisprudence romaine, postérieure au règne d'Antonin-le-Pieux, fini en l'an 161, le juge adjugeait d'office les intérêts dans les jugemens *bonæ fidei*, par le seul effet de la demeure du débiteur.

Le jurisconsulte Marcien, qui écrivait dans le commencement du troisième siècle, dit dans la loi 32, § 2, au Digeste *De usuris: in bonæ fidei contractibus ex morâ usuræ debentur.* De là vient que tous les commentateurs du droit romain enseignent cette règle, sans remonter plus haut; mais Noodt prouve très-bien qu'il n'en était pas ainsi dans le temps de la république, et sous les premiers empereurs jusque vers la fin du second siècle de notre ère.

Les usures furent prohibées à Rome, sous l'ancienne république, par la loi *genucia;* cependant l'usage permit dans la suite de les stipuler par contrat; mais hors de là, le juge ne pouvait pas les adjuger d'office, pour la seule demeure du débiteur, et l'on n'en trouve aucun vestige dans les ouvrages de Cicéron, ni d'aucun autre auteur de ses contemporains; soit parce que les usures étaient considérées comme odieuses, soit parce que le retard de payer de l'argent dû, n'était pas censé devoir produire de l'argent par lui seul sans stipulation. Mais lorsque le gouvernement fut devenu monarchique, le jurisconsulte Labeo, qui, par l'influence de son génie, chercha à introduire des nouveautés contraires aux anciennes maximes, fut le premier qui admit les usures dans les jugemens entre associés, lorsque l'un d'eux avait profité de l'argent de la société. Encore ne les admettait-il pas comme usures proprement dites, mais comme réparation du dommage causé par un associé à un autre associé entre lesquels il existait un droit de fraternité. *Non quasi usuras, sed quasi id quod interest. Is enim placuit ei color.* Si l'un des associés était mort, et qu'ainsi la société fût dissoute, l'action *pro socio* ne pouvant plus être intentée, mais seulement l'action *communi dividundo,* dans ce cas, Labeo n'admettait plus les usures d'office *ob moram,* dans le jugement à intervenir. Tout ceci se trouve dans la loi 60, au Digeste, liv. 17, tit. 2, *pro socio,* dont le texte est renvoyé dans la note ci-bas (1).

Cette loi du Digeste est extraite des commentaires du jurisconsulte Pomponius, qui a écrit sous le règne d'Antonin-le-Pieux, à qui il a survécu, puisqu'il l'appelle *Divus Pius,* dans la loi 14, au Digeste, *de pollicitationibus* (voir la préface des Pandectes de Pothier, part. 2, chap. Ier). Voilà une première preuve qu'au temps où Pomponius écrivait ses commentaires sur Sabinus, la règle qui accorde les usures dans tous les contrats *bonæ fidei* n'existait pas encore; car il n'aurait pas dû recourir à l'autorité de Labeo pour un cas particulier en matière de société, qui faisait alors exception à la jurisprudence appliquée à tous les autres cas.

En voulez-vous une autre preuve? Noodt la tire du même Pomponius, dans la loi 121, au Digeste, *de verborum significatione,* liv. 50, tit. 16, où il dit : *Usura pecuniæ quam percipimus in*

---

(1) *Socium, qui in eo quod ex societate lucri faceret reddendo moram adhibuit, cum eâ pecuniâ ipse usus sit, usuras quoque eum præstare debere Labeo ait, sed non quasi usuras, sed quod socii intersit moram eum non adhibuisse : sed si aut eâ pecuniâ usus non sit, aut moram non fecerit, contra esse. Item post mortem socii nullam talem æstimationem ex facto heredis faciendam, quia morte socii dirimatur societas.*

fructu non est, quia non ex ipso corpore, sed ex aliâ causâ est, id est novâ obligatione.

Pomponius ne reconnaît ici qu'une cause qui produise les usures, savoir l'obligation, c'est-à-dire la convention; il n'en reconnaît pas plusieurs causes, parce que de son temps, il n'y en avait qu'une, quoique par la suite on en ait admis deux, la convention et l'office du juge, comme on le voit dans Papinien, Paul Marcien et Ulpien, qui ont écrit après lui sous les règnes des empereurs Septime-Sévère, Caracalla, Héliogabale et Alexandre-Sévère, dans le commencement du troisième siècle (voyez les Pandectes de Pothier, préface, part. 2, chap. I). C'est pourquoi dans la loi 121 *de verborum significatione*, Pomponius ne fait pas mention de l'office du juge, mais seulement de l'obligation. En outre, il nie que l'usure soit le fruit de l'argent, et il en donne la raison, parce qu'elle ne provient pas du corps même de l'argent, *quia non ex ipso corpore est.* Cela était très-vrai au temps de Pomponius; mais il n'en était plus de même au temps d'Ulpien, car celui-ci, d'après l'usage de son époque, pose une règle tout opposée et dit, dans la loi 34 *de usuris* au Digeste, que les usures tiennent lieu et sont mises au rang des fruits : *Usuræ vicem fructuum obtinent, et meritò non debent à fructibus separari, et ita in legatis et fideicommissis et in tutelæ actione, et in cæteris judiciis bonæ fidei servatur.*

C'est par la constitution d'un empereur, qu'après l'époque où a vécu Pomponius, il a été établi ouvertement que dans tous les jugemens *bonæ fidei* l'office du juge pourrait à l'avenir autant que la stipulation, en ce qui concerne les usures.

Papinien le déclare on ne peut pas plus manifestement, dans la loi 24 au Digeste, titre *depositi vel contra*, liv. 16. *Et est quidem* CONSTITUTUM *in bonæ fidei judiciis, quod ad usuras attinet, ut tantumdem possit officium arbitri quantum stipulatio.* On voit également dans d'autres lois du Digeste que c'est à une constitution impériale qu'on attribue le pouvoir du juge d'adjuger d'office les usures dans les jugemens *bonæ fidei.* Ulpien, l. 37, D. *de usuris*, s'exprime ainsi : *Puto verum si liberavi ex magno incommodo, debere dici usuras venire, eas autem quæ in regione frequentantur, ut est in bonæ fidei judiciis* CONSTITUTUM. Le même Ulpien le dit encore dans la loi 12 à la fin du § 9, *mandati vel contra*, au Digeste, liv. 17, tit. 1.

Les lois susmentionnées ne nomment pas l'empereur qui a porté cette *constitution.* Noodt conjecture que c'est Antonin-le-Pieux, et qu'il ne l'a donnée qu'après que le jurisconsulte Pomponius avait écrit ses commentaires sur Sabinus et sur Quintus Mutius, d'où sont extraites les deux prédites lois 60, D. *pro socio* et 121, D. *de verborum significatione* : mais puisque Pomponius a encore écrit après la mort d'Antonin-le-Pieux, il semblerait que cette constitution pourrait plutôt être attribuée à Marc-Aurèle son successeur, ce qui au reste est indifférent pour notre sujet.

Cette savante discussion de Noodt est bien remarquable, et elle démontre que la jurisprudence du Hainaut antérieure à 1601, concernant la non-adjudication des intérêts judiciaires, était entièrement conforme à l'ancien droit romain, suivi sous les premiers empereurs jusque vers la fin du second siècle, quoique changé ensuite pour ceux d'entre les jugemens appelés *bonæ fidei.*

ARTICLE XXI.

Du sénatus-consulte velléien.

J'ai parcouru les principaux points de nos chartes, tant anciennes que modernes, qui présentent une connexion étroite avec l'ancien droit romain. J'en omets quelques autres dont la liaison m'a paru plus obscure et moins certaine. Il y en avait peut-être d'autres encore qui, n'ayant pas été rédigés en écrit dans nos chartes successives, se seront perdus insensiblement dans la pratique moderne, et notamment par l'influence du nouveau droit romain de Justinien, que nos jeunes légistes allaient apprendre à l'université de Louvain.

Il est pourtant un de ces anciens usages qui, sans être inscrit dans aucune de nos chartes, s'est constamment maintenu dans notre pratique, malgré la pratique contraire des provinces voisines, et malgré l'autorité du droit consigné dans le Digeste. Chez nous, les femmes non soumises à la puissance paternelle ou maritale, telles que les veuves et les filles majeures, pouvaient s'obliger par cautionnement aussi bien que par d'autres contrats, sans devoir renoncer à aucun bénéfice. Comme cependant il n'y a rien de plus connu dans le droit romain que le sénatus-consulte velléien qui défend aux femmes de cautionner, et rend leurs fidéjussions sans effet, au moyen d'une exception, je soupçonne que ce sénatus-consulte pourrait bien n'être pas d'une très-ancienne date et n'avoir été porté qu'après l'établissement des Romains dans le pays de Hainaut, où il ne paraît pas qu'il ait jamais été adopté. D'après le texte de ce sénatus-consulte, qui fait mention de quelques édits d'Auguste et de Claude, il est certain qu'il n'a été porté qu'après leurs règnes; mais sa date postérieure reste incertaine, parce que les noms des consuls Marcus Silanus et Velleius Tutor, qui en sont les auteurs, ne se trouvent pas dans les fastes consulaires, ce qui arrivait toutes les fois que de nouveaux consuls étaient substitués à ceux qui avaient été nommés au commencement de l'année. Voet. *ad Pandect.* lib. 16, tit. 1, n° 1 [1].

ARTICLE XXII.

De l'insinuation des donations.

J'ai aussi remarqué que parmi les usages non écrits du Hainaut s'est conservé celui de pouvoir faire des donations de telle somme que l'on veut, sans être obligé d'en faire l'insinuation aux actes publics. Justinien, par la loi pénultième au code *de donationibus*, § 3, liv. 8, tit. 54, avait établi la nécessité de cette insinuation, lorsque la donation excédait cinq cents écus d'or, *solidos*. Quelques-uns de ses prédécesseurs exigeaient la formalité de l'insinuation, lorsque la somme ne montait qu'à deux cents écus d'or. L. 3 et 5, Cod. Théod., tit. *de donationibus*.

Aucune de ces lois n'a été en usage en Hainaut, et elles ne l'ont pas été non plus en Brabant, selon que l'enseignent les arrêtistes de cette province.

Que dirait Stockmans à la vue de tous ces rapprochemens?

---

(1) Stockmans, décis. 142, nous apprend que le sénatus-consulte velléien n'a pas été reçu non plus dans la coutume d'Anvers. *Voyez* aussi la fin de l'art. 235 de la coutume de Bruxelles.

Oserait-il encore gourmander nos coutumes et leur reprocher d'être tout-à-fait étrangères au droit romain? Il est vrai qu'il n'est pas décrété dans l'homologation d'aucune des chartes du Hainaut, soit anciennes, soit modernes, qu'à leur défaut on suivra le droit romain; et c'est ce qui a mû la bile de l'arrêtiste brabançon, qui avance assez légèrement qu'elles sont les seules dans ce cas. *In omnium municipalium legum confirmatione adjectum est ut quæ ibi decisa non sunt, judicentur ex jure romano..... Solæ, quod sciam, hannonienses hanc adjectionem non habent.* Dec. 1.

Il est cependant de fait qu'en cela Stockmans s'est grandement trompé; car il y avait beaucoup de coutumes en Belgique dont l'homologation n'accordait pas force de loi supplémentaire au droit romain. M. De Berg l'a prouvé fort au long et en détail, dans son Mémoire qui a remporté le prix de l'Académie des sciences de Bruxelles en 1782.

Tous les points de l'ancien droit romain que nous avons parcourus ont été observés en Hainaut pendant tout le moyen-âge jusqu'au quinzième siècle, et quelques-uns jusqu'à la fin du dix-huitième. D'où sont-ils venus dans le pays, et comment y ont-ils pris des racines aussi profondes? Ce n'est que pendant la domination romaine qu'ils ont pu être introduits.

Dans le supposé que toute la Gaule belgique aurait été soumise à la législation civile des Romains, pendant le temps de leur domination, il semble qu'on devrait retrouver dans les anciens usages de ses provinces, comme en Hainaut, des vestiges nombreux de l'ancien droit qui s'y pratiquait alors; c'est ce qu'on n'a pas découvert jusqu'ici. Peut-être cela provient-il de ce que les coutumes des autres provinces de notre Belgique n'ont été rédigées par écrit que dans les seizième et dix-septième siècles, d'après l'ordre donné par Charles-Quint en 1531, et répété par les archiducs Albert et Isabelle par l'article 1 de l'édit perpétuel de 1611. Or, dans ce temps, la grande influence du droit romain moderne, connu de nos magistrats, aura pu faire écarter dans cette rédaction des points de coutumes conformes à l'ancien droit, mais contraires au nouveau. Peut-être aussi les anciens usages des autres provinces de notre Belgique n'ont-ils pas été empreints des mêmes principes de l'ancien droit romain, qui ont pu d'ailleurs s'effacer et s'oublier par l'invasion et le séjour des populations germaniques.

Quelle que soit la cause de cette différence entre les coutumes du Hainaut et celles des autres provinces, je vais tâcher d'expliquer comment il s'est fait que l'ancien droit romain a été reçu et s'est perpétué si long-temps en Hainaut, plutôt que dans d'autres provinces voisines qui n'en ont pas conservé les mêmes traces dans leurs coutumes.

De tous les peuples qui, lors de l'arrivée de Jules César, habitaient notre Belgique, le plus puissant était celui des Nerviens. Il occupait une assez grande étendue de pays entre l'Escaut et la Meuse, qui correspondait au territoire de l'ancien diocèse de Cambrai, et au centre duquel se trouvait ce qu'on a appelé depuis le *Hainaut*. Quoique César, dans ses Commentaires, ne fasse mention d'aucune ville de nos contrées, mais désigne seulement les noms des peuples, il paraît certain que dès lors Bavai était la capitale des Nerviens. C'est pourquoi, dans la carte ancienne, connue sous le nom de *théodosienne* ou de *Peutinger*, et dans l'Itinéraire d'Antonin, monumens du quatrième siècle, elle est appelée *Bagacum Nerviorum*. Ptolémée, géographe du second siècle, la désigne également comme étant alors la capitale des Nerviens, *Nervii, quorum civitas Baganum*.

Quoique cette ville ait été presqu'entièrement détruite par les Huns et les Vandales au commencement du cinquième siècle, une foule de monumens qu'on a retrouvés dans ses ruines et les médailles qu'on découvre encore journellement dans son sol, ne permettent pas de douter qu'elle n'ait joué un très-grand rôle sous la domination romaine. Quand on jette ensuite les yeux sur ces larges et majestueuses chaussées, construites sous le long règne d'Auguste, nommées encore de nos jours *chaussées romaines*, qui, partant de Bavai, comme d'un centre commun, parcouraient toute la Gaule belgique et allaient aboutir à ses villes principales, l'on ne peut pas se refuser à croire que les Romains ont envisagé Bavai comme le centre et le chef-lieu de leurs établissemens militaires et civils dans nos contrées. Ceux qui connaissent les antiquités de la Belgique ne contesteront pas ce que j'avance. Voici ce qu'en dit Des Roches dans ses *Recherches sur l'ancienne Belgique*, chap. III, pag. 139 : « Sous » Auguste, le pays des Nerviens devint une province préto» rienne, Bavai le siége d'un président. Ce magistrat suprême » et la foule d'officiers qui environnait son tribunal portèrent » dans cette ville le goût des arts, peut-être le goût des lettres, » et très-certainement tout le luxe et tout le faste de l'Italie. » Tandis qu'une petite partie de la nation allait végéter dans les » emplois subalternes de la milice, le reste était employé à bâtir » des cirques et des amphithéâtres, à construire des temples, » à ériger des statues. »

Comme le pays des Nerviens avait été fort dépeuplé par le massacre que cette valeureuse nation avait essuyé dans la sanglante et célèbre bataille qu'elle avait livrée à l'armée de César, sur la rive de la Sambre, dont la description est consignée dans les Commentaires de ce conquérant, les Romains, suivant leur usage, n'auront pas manqué d'y établir des colonies de leurs soldats vétérans et de leur distribuer une partie des terres vacantes ou confisquées du pays subjugué, tant pour leur récompense que pour repeupler le pays et y consolider leur empire.

La construction de ces nombreuses chaussées dont nous venons de parler, ouvrage des armées romaines en temps de paix, et les hautes magistratures qu'Auguste et Tibère établirent à Bavai, indiquent assez qu'il y avait un grand nombre de Romains de toute sorte de conditions dans cette ville et les environs. La justice y était administrée par des magistrats romains aux colons et autres habitans originaires d'Italie, et probablement aussi aux naturels du pays après l'affermissement de la conquête.

Comme Bavai se trouve presqu'au centre de l'ancienne province de Hainaut, telle qu'elle était avant les conquêtes de Louis XIV, et dans le ressort même de la coutume de Mons, la jurisprudence romaine dont le siége y avait été établi doit y avoir poussé de plus profondes racines que dans les cantons plus éloignés, où il se trouvait moins d'habitans originaires de Rome ou d'Italie. On peut donc raisonnablement conclure que les juges du pays, qui y ont administré la justice après la cessation de la domination romaine, auront maintenu les principes du droit romain suivi jusqu'alors, puisqu'il est constant que les Francs ont eu le bon esprit de laisser aux habitans des Gaules leurs anciennes lois et leurs usages.

Ce changement de domination ayant eu lieu un siècle environ avant le règne de Justinien, il n'est pas étonnant que nous retrouvions dans les anciennes et nouvelles chartes du Hainaut plusieurs principes du vieux droit romain, qui ont été ensuite abolis ou modifiés par cet empereur et par quelques-uns de ses prédécesseurs.

Ces principes de l'ancien droit romain, convertis en usages du pays, ont été conservés et pratiqués dans le moyen-âge par la cour de justice du comté de Hainaut, séante à Mons, dont l'établissement remonte à une très-haute antiquité. La charte de l'an 1200, qui passe pour être la plus ancienne du pays rédigée par écrit, prouve que les lois et usages de cette contrée s'étaient maintenus par tradition dans la mémoire de ceux qui administraient la justice dans la cour du comté. En voici le préambule : *Hæc est declaratio legum in curiâ et comitatu Hainoensi, communi consensu et consilio ac deliberatione, sanâque* RECORDATIONE *virorum nobilium et ministerialium ad comitatum Hainoensem pertinentium, discretiùs conscriptarum.*

C'est cet antique tribunal, qui a conservé moralement la même organisation jusqu'en 1611, qui nous a transmis ces principes de l'ancienne jurisprudence romaine, sans en connaître la source primitive, et il est aisé de s'apercevoir, en lisant nos anciennes chartes de 1410 et de 1483, que ceux qui les ont rédigées, étonnés eux-mêmes de quelques-uns de ces usages, qu'ils ont cru devoir changer, ne soupçonnaient pas qu'ils tirassent leur origine de l'ancien droit romain, qui n'avait pas fait l'objet de leurs études.

FIN.

TABLE DES MATIÈRES.

www.ingramcontent.com/pod-product-compliance
Ingram Content Group UK Ltd.
Pitfield, Milton Keynes, MK11 3LW, UK
UKHW021144220726
13924UKWH00003B/1016